AF268198

EXTRAIT

DE

MES OPINIONS POLITIQUES

PENDANT LA RÉVOLUTION.

Lorsque tout le monde a la fureur des bonnes doc-
trines, et que de certaines gens se mêlent d'avoir
des principes, il ne reste pus qu'une ressource à
l'honnête homme, il faut recourir aux dates.
(*Journal des Débats*, 9 février 1815.)

A PARIS,

L. G. MICHAUD, IMPRIMEUR DU ROI,
RUE DES BONS-ENFANTS, N°. 34.

M. DCCC. XV.

EXTRAIT

DE MES OPINIONS POLITIQUES

PENDANT LA RÉVOLUTION.

L'UNIQUE MOYEN *de rendre à la France son antique splendeur, et de faire cesser les horreurs de l'anarchie et de la guerre civile qui la dévorent.*

Quousque tandem...... (CIC. *in Cat.*)

(Fructidor au III. — Septembre 1795.)

DEPUIS six ans la France attend le bonheur et la liberté, depuis six ans on la pressure en l'enivrant de l'espoir d'un meilleur avenir, depuis six ans on lui promet le prix de tant de sacrifices et de dévoûment, et depuis six ans elle voit creuser son tombeau : chaque jour aggrave ses maux d'une manière effrayante. Le Français n'ose plus porter ses regards dans l'avenir; un morne silence, un sombre désespoir semblent avoir succédé à cet esprit enthousiaste qui le caractérisait autrefois; l'esprit public paraît perdu, le papier-monnaie est sans crédit, l'agiotage exerce ses brigandages horribles, le riche se ruine, et le pauvre meurt de faim et de misère : telle est notre malheureuse situation. L'intrigant seul s'élève au milieu de nos décombres, et semble s'applaudir de notre misère commune.

Quelle est donc la cause de tant de maux, et quel en est le remède ? j'oserai le dire sans passion, comme sans prévention. Je dirai des vérités connues sans doute, mais trop peu répandues par crainte ou par faiblesse. Qu'on ne m'*embastille* pas cependant, car je n'entends ni *avilir* ni *provoquer* : si ces vérités sont utiles, pourquoi en empêcher la communication ? si elles ne le sont pas, c'est au public seul à en faire justice ; il est ici seul juge compétent, ou je ne sais plus ce qu'on entend par liberté.

La cause, l'unique cause de tous nos maux vient de ce que tout ce qu'on a fait jusqu'à présent n'a jamais paru être le vœu du peuple légalement exprimé. Je ne m'étendrai pas sur les menées sourdes de l'Angleterre qui s'est si cruellement vengée sur vous de la perte de ses colonies en Amérique, ni sur l'ambition du duc d'Orléans, dont elle s'est servie comme d'un vil instrument qu'elle a brisé ensuite pour perpétuer l'anarchie en France : je laisse ces faits qui seraient trop longs à détailler ici, au burin fidèle de l'histoire. Je dirai seulement que la première assemblée a outre-passé ses pouvoirs, en ne suivant pas des mandats d'autant plus sages que l'esprit de faction n'avait pas encore gagné les assemblées primaires ou du moins la très-grande partie des membres qui les composaient; je dis d'autant plus sages, parce qu'ils étaient les plus sûrs interprètes de la volonté nationale, et que la sagesse d'un gouvernement ne doit pas être considérée en sens abstrait, mais en sens relatif : car on aurait beau dire à une nation qu'on lui donne le meilleur gouvernement du monde, si ce gouvernement ne lui convient point, ne lui plaît pas, il est évident qu'il ne vaudra rien pour elle, et qu'il trouvera dans sa marche des obstacles insurmontables. Les adresses que la première assemblée recevait des provinces, ne prouveraient rien en sa faveur : il est assez connu aujourd'hui que le modèle de ces adresses partait de Paris, que chaque société populaire calquait son adresse sur ce modèle, et l'envoyait ensuite à sa destination. Si quelque chose pouvait parler en faveur des opérations de l'Assemblée constituante, ce serait peut-être la fédération du 14 juillet; mais les événements subséquents sont bien loin de prouver que les français adhéraient d'esprit et de cœur à la constitution qu'ils venaient de jurer.

Si l'on est en droit de faire de graves reproches à l'Assemblée constituante; si, au lieu de s'appliquer sérieusement et exclusivement à remédier aux maux de l'état, aux abus dont on se plaignait, comme il lui était enjoint par ses cahiers, cette assemblée s'est laissée entraîner par l'esprit de parti et l'amour des innovations, que penser de l'Assemblée législative, qui, appelée à soutenir, à faire marcher une constitution qu'elle avait jurée, emploie toutes sortes de moyens pour la détruire, se coalise avec les jacobins et la commune de Paris pour s'opposer aux mandataires fidèles qui voulaient la défendre, et parvient enfin, à force d'intrigues, à la renverser? C'est alors que commença à s'élever sur les débris du trône et de la souveraineté nationale cette puissance colossale des jacobins : tout plia sous ce pouvoir monstrueux, composé de tous les éléments de l'anarchie; et les massacres des 2 et 3 septembre, finirent par écarter totalement des assemblées politiques les bons citoyens qui voulaient sincèrement le bien de leur patrie. Le peuple français ne fut plus rien, le peuple jacobin fut tout ; hors les jacobins point de salut : maîtres de la France, ils se choisirent des mandataires et formèrent une Convention.

Une assemblée formée par des intrigants et des anarchistes, ennemis par conséquent de tout ordre, ne pouvait que présager les malheurs les plus funestes. De grands attentats furent commis; la soif de régner divisa ensuite les esprits, de nouveaux partis se formèrent, le choc des passions fut terrible, une faction proscrivit l'autre; enfin la proscription devint générale...... Je tire le rideau sur ces scènes d'horreurs et de carnage qui ont ensanglanté la France, sur le vandalisme, la barbarie et le brigandage de nos dominateurs, et sur l'affreuse misère du peuple, suite de tant de désastres ; je reviens à mon sujet.

Je ne prétends point attaquer la bonté des opérations de la Convention nationale, aujourd'hui qu'elle est dégagée de la lisière jacobite ; je me flatte qu'instruite par le malheur et l'expérience, elle s'empressera de faire disparaître, oublier, s'il est possible, tous les fléaux qui ont affligé la France, par de bonnes lois et en lui donnant un gouvernement *analogue* à sa localité, à sa population, et surtout *nécessairement* conforme à la volonté générale : mais je crois qu'il n'est personne de bonne foi qui ne convienne que, tant que la Convention a été sous la férule des jacobins et de la commune dominatrice, ses opérations étaient réellement nulles, puisqu'elles n'étaient pas légalement l'expression de la volonté générale, mais seulement du peuple jacobin ; et qu'elles ne seront bonnes dans la suite qu'autant qu'elles auront été approuvées par la majorité des français dont le suffrage paraisse *évidemment* libre et légal. Qu'on ne dise pas que les royalistes intrigueront pour l'emporter sur leurs adversaires ? cet argument n'est bon que dans la bouche d'un homme qui craint la faiblesse de son parti : les royalistes auraient bien plus raison de craindre l'influence d'un parti qui a tous les pouvoirs en main. D'ailleurs, ou la majorité des français veut le gouvernement d'un seul, ou elle veut le gouvernement de plusieurs. Si la majorité des français veut le gouvernement d'un seul, de quel droit voudrait-on lui en donner un autre ? Où serait la souveraineté nationale, si elle était obligée de subir le joug d'une minorité factieuse? Si, au contraire, la majorité des français se décide pour le gouvernement de plusieurs, quel serait 'homme assez ennemi de sa patrie pour désobéir à la volonté générale? Dans l'un et l'autre cas, l'honnête homme doit faire le sacrifice de son opinion particulière, et céder au vœu de la société. Législateurs, vous venez de donner à la France une nouvelle constitution; si vous ne voulez point la voir périr dans sa marche, laissez un libre cours au vœu du peuple : s'il est conforme au vôtre, vous n'aurez qu'à vous applaudir du succès de votre ouvrage ; s'il ne l'est pas, soyez assez généreux pour l'oublier, et vous éviterez bien des maux à la patrie.

Nous venons de voir que tout ce qu'on a fait jusqu'à présent n'était point, *de droit*, l'expression de la volonté générale, mais seulement l'effet de l'intrigue, du jeu des passions et de la force des circonstances. Pour parer aux malheurs qui en ont été la suite, il est donc nécessaire et indispensable d'examiner si dans la nouvelle constitution on a, *de fait*, exprimé la volonté générale.

Il faudrait pour cela laisser un libre cours aux

suffrages du peuple dans les assemblées qui vont se tenir pour l'examen de cette constitution. Celles qui l'accepteraient purement et simplement enverraient le procès-verbal de leur acte d'adhésion; celles qui la rejetteraient en tout ou en partie enverraient leurs représentations. Si la majorité la rejetait, il est évident qu'il faudrait, dans un nouveau travail, suivre le vœu de cette majorité, puisqu'il serait incontestablement le vœu national. Si la majorité au contraire acceptait la constitution, il n'y aurait plus qu'à la mettre en activité et à la faire marcher avec vigueur : il ne resterait alors aucune cause pour l'entraver; ce serait heurter de front la volonté nationale notoirement connue.

Il faudrait ensuite , quelle que fût la forme de gouvernement, d'après les suffrages libres du peuple , faciliter la rentrée de tous les français dans le sein de leur patrie par une amnistie générale, oublier tout le passé en fait d'opinions , et sévir pour l'avenir. En vain , me dira-t-on que c'est ouvrir la porte à ses ennemis : je ne conçois point cette rage de vouloir trouver des ennemis dans tous ceux qui diffèrent d'opinion; les supposer, c'est les créer. Vous étiez donc les ennemis de la patrie, vous qui fûtes proscrits au 31 mai? Ne craignez-vous pas qu'on ne soit un jour en droit de vous faire les mêmes reproches que vous faisiez à vos adversaires? ils vous regardaient comme les plus dangereux contre-révolutionnaires, et vous les traitiez de tyrans. Sont-ils donc plus coupables que vous, ceux qui ont vu avant vous que l'opinion publique étant violentée ne pouvait être le signe caractéristique de la volonté générale? Sont-ils donc plus coupables que vous, les hommes probes et plus éclairés peut-être, qui ont pressenti les horreurs dont nous allions être témoins et victimes? Il en est, dira-t-on encore, qui ont pris les armes contre leur patrie : mais ceux-là ne pourraient-ils pas répondre comme vous, lorsque le Calvados et le Midi s'armèrent pour votre défense : *Français, vous gémissez sous la plus cruelle des tyrannies, nous venons briser vos chaînes.*

Tels sont les moyens que je crois devoir nécessairement concourir au retour de l'ordre, de la tranquillité et de la prospérité de la France; tels sont mes vœux. Puissions-nous un jour, abjurant nos opinions et nos animosités particulières, nous ranger sous les étendards de l'opinion générale! Puissions-nous réunir un jour toutes nos forces contre notre ennemi commun qui s'est joué de nous, en nous armant les uns contre les autres, et qui n'a cherché qu'à nous sacrifier tous indistinctement! L'abondance et le bonheur renaîtront en France; nous reprendrons notre rang parmi les puissances de l'Europe; chacun s'empressera de couvrir le *déficit* par quelques sacrifices; un gouvernement nouveau réprimera la verge aristocratique des uns et les excès démocratiques des autres; et le peuple heureux bénira ceux qui nous auront préparé des lois si bienfaisantes.

———

Nota. Cette brochure eut beaucoup de vogue, et resta long-temps sous presse. La Convention nationale prenant de jour en jour des mesures plus violentes, j'ajoutai aux derniers tirages le *post-scriptum* suivant :

P. S. Quand cette brochure parut pour la première fois, j'étais loin de me douter que l'opinion publique serait si tyranniquement et si perfidement comprimée. Avant que les échafauds se redressent, je me dispose à tracer quelques vérités terribles à ces nouveaux tyrans qui osent se jouer si insolemment de la souveraineté du peuple, après l'avoir si long-temps prônée.

Effectivement je fis paraître quelques jours après un nouvel écrit, ayant pour titre : *Vérités terribles à nos derniers tyrans sur notre situation actuelle*, avec cette épigraphe : *Qui habet aures audiendi audiat* Cet écrit étant presque entièrement consacré à discuter et à combattre les mesures que prenait alors la Convention, je n'en citerai que la péroraison.

Convention nationale, si le bonheur du peuple te touche, ouvre enfin les yeux sur son horrible misère; entre dans la chaumière du pauvre; vois au dehors ces spectres errants, les uns tombant d'inanition dans les rues, les autres se traînant dans les champs pour y brouter l'herbe, d'autres enfin, couchés sur un fumier, y disputer quelques ordures à la voracité des animaux ou à la corruption. Contemple, si tu le peux, ce spectacle funeste, et si tes entrailles sont émues, porte un remède à tant de calamités : la France égorgée, mutilée, dévastée, affamée, lasse de l'attendre, te l'ordonne enfin. Démasque ces membres gangrenés qui, sous le voile de la popularité, ont plongé le poignard dans le sein de la patrie, qui ont porté la corruption dans ton propre sein et dans toutes les parties de la France ; démasque ces tribuns séditieux que la soif, l'insatiable soif de dominer dévore. Démasque-les, ou crains de passer pour leur complice. Qu'on nous dise enfin ce que sont devenus les trésors de l'église, les richesses des monastères et les biens des victimes ! Qu'a-t-on fait pour le peuple ? les impôts sont-ils diminués ? les denrées sont-elles à meilleur marché ? les propriétés sont-elles plus respectées ? la liberté individuelle est-elle mieux assurée ? l'ouvrier est-il plus dans l'aisance ? Et le commerce ! où en serait-il, si chacun ne se hâtait de se défaire de ces chiffons qu'on appelle *assignats*? Jongleurs politiques ! nous ne sommes plus dupes de vos tours de passe-passe, et vous voulez nous détruire !...... Vous osez nous défendre, sous peine de mort, de communiquer avec nos concitoyens ! et dans quel moment ? lorsque tout un peuple délibère et s'occupe des moyens de rasseoir l'ordre et la tranquillité publique sur les débris encore menaçants de l'anarchie !....

O ma patrie ! bientôt il ne te sera plus permis

de verser quelques larmes sur tes malheureux enfants qu'on a égorgés par milliers. Bientôt peut-être..... mais quel pressentiment funeste m'agite? bientôt peut-être le sang français va couler de nouveau par torrents! Je vois l'époux arraché des bras de son épouse, le fils arraché de la maison paternelle, le vieillard des embrassements de sa famille; je vois le serviteur fidèle victime de son attachement; je vois, hélas! des familles entières aller grossir ces fatales charretées destinées à la boucherie : bientôt, les noyades, les fusillades, les canons à mitraille......O ma patrie! si de pareilles horreurs souillent encore le nom français, nous ne sommes plus dignes de toi.

Eh! comment ne pas s'alarmer en effet, quand on voit sortir des prisons ces dogues révolutionnaires qui ont fait de la France un vaste tombeau, quand on voit fondre sur Paris ce ramas de sicaires qui ont exécuté les massacres aux époques les plus désastreuses de la révolution. Déjà, ils réorganisent leurs conciliabules nocturnes; déjà, dans leurs orgies scandaleuses ils insultent à la misère publique; déjà, leurs poignards homicides sont levés sur les bons citoyens. Ne voyons-nous pas un de ces forcenés, à peine échappé des mains de la justice, continuer les feuilles impures de *Marat*, et s'ériger hautement le défenseur officieux de tous les coupe-jarrets, qu'il appelle des patriotes opprimés! O honte! n'a-t-il pas entrepris de justifier un *Joseph Lebon*, monstre que ses propres remords auraient dû étouffer, si les monstres étaient susceptibles de remords? et l'on veut que nous pensions comme ces cannibales! les feuilles ministérielles nous menacent du supplice, si nous avons une autre opinion! Ah! c'est par trop combler la mesure de nos maux. Mille et mille fois une mort glorieuse, plutôt que l'opprobre et le déshonneur!

———————

Il est fort aisé, aujourd'hui, d'arrondir une phrase sur la tyrannie des dominateurs de la France ou sur l'anarchie populaire; mais il y avait quelque courage à parler ainsi, dans un moment où l'horizon politique reprenait le crêpe funèbre de la terreur, et que l'expérience en faisait connaître toutes les funestes conséquences. Arrivé à Paris en 1790, je vis un prince malheureux, plein d'excellentes intentions, et des factieux profiter de cette bonté même pour le précipiter lui et son peuple dans un gouffre de maux : mon parti fut bientôt pris; je défendis mon Roi et mon pays jusqu'à la dernière extrémité, et souvent au péril de ma vie. Je n'étais ni prêtre, ni noble, ni gros propriétaire; je n'avais aucun intérêt personnel dans cette grande lutte : l'honneur et la justice me tracèrent mon devoir ; le crime et le parjure excitèrent mon indignation.

Lorsqu'après le 9 thermidor le règne de la terreur eut commencé à faiblir, je fus des premiers à prendre la plume, pour ramener aux bons principes les gens séduits ou égarés (1). Je fis plus, je prêchai d'exemple; et dans la nuit du 12 au 13 vendémiaire je pris les armes. L'issue de cette fatale journée est connue; le crime et la trahison triomphèrent de la bonne cause. Arrêté le 16 vendémiaire, je fus traîné au comité de sûreté générale, et de là aux Quatre-Nations où, parmi les victimes, je vis M. Michaud, aujourd'hui membre de l'Institut, et bientôt après son ami Giguet qui se dévoua généreusement pour sauver ses jours. Je connaissais l'un et l'autre depuis long-temps, et M. Michaud me contait le projet de son évasion, lorsqu'il fut appelé pour se rendre au comité de sûreté générale; mais le comité ne vit pas plus M. Michaud, que l'exempt la poularde dont on l'avait alléché : ce tour nous amusa beaucoup et fit quelque diversion à nos maux.

Comme je fus des derniers à recouvrer ma liberté, on me transféra quelque temps après des Quatre-Nations au Plessis, car ces messieurs avaient transformé les collèges en autant de bastilles, pour nous prouver les avantages de la liberté moderne. Enfin, l'opinion publique se déclarant plus fortement que jamais en faveur des victimes, et mes amis ne se lassant point de solliciter, les verroux de ma prison s'ouvrirent au bout de deux mois et demi. Mon écrou portait : *le concierge des Quatre-Nations recevra*

---

(1) Mon premier écrit était intitulé : *Aux Français de toutes les classes et de tous les partis.* Les colporteurs voulurent le vendre sous le titre de : *Ouvre l'œil, peuple, il est temps de t'affranchir de tes tyrans.* Cette brochure me fut enlevée par ordre du comité de sûreté générale, avec mes autres papiers et quelques discours que j'avais faits lors des assemblées primaires : je n'ai pu en retrouver les brouillons.

jusqu'à nouvel ordre le nommé Galland, auteur de libelles tendants à AVILIR *la Convention nationale.*

Signé P. M. DELAUNAY, GAUTHIER.

Pourquoi, dira-t-on, rappeler des souvenirs qui sont si loin de nous? Ah! pourquoi. Je sais bien que je n'ai fait que mon devoir, et que tant d'autres braves gens l'ont fait aussi, chacun suivant ses moyens, ses vues ou les circonstances ; je n'ignore pas non plus qu'il faut parler de soi le moins possible : aussi me serais-je tu, s'il n'était question que de moi personnellement ; mais je ne pouvais me taire, et je dirai pourquoi : le contraste, au reste, est assez frappant, et mérite d'être connu.

Les ennemis de la royauté triomphèrent au 13 *vendémiaire.* Je ne les avais pas ménagés ; ils pouvaient user du droit du vainqueur et me faire fusiller : j'obtins cependant ma liberté.

Les amis de la royauté ont triomphé au 31 *mars* 1814. J'avais servi leur cause ; je ne demandais rien, je pouvais espérer le bonheur : j'ai perdu cependant les trois quarts de ma fortune, légitimement et laborieusement acquise, et pour comble de malheurs, l'intrigue m'enlève une place qui pouvait encore soutenir ma nombreuse famille ; car j'ai cinq enfants en bas âge et une mère accablée de vieillesse et d'infirmités.

Ainsi donc cette époque tant desirée a été celle de mes infortunes.

O cæcas hominum mentes! ô pectora cæca !

G ALLAND, ex-vérificateur *des mémoires de l'Imprimerie royale, rue du Paon St.-André,* N°. 8.